簡単なのにごちそう。
焼きっぱなしオーブンレシピ

材料をほうりこんで焼くだけ!!
忙しい人の新・オーブン料理

若山曜子

オーブン料理＝
「面倒くさそう」「難しそう」と
誤解していませんか？

オーブン料理＝「面倒くさそう」「難しそう」「手間がかかる」と
誤解されている方が多いのですが、
実は、魚や野菜や肉を切って、並べて、ほうりこんだら、
あとはほったらかしでOKのラクラク料理なのです。

鍋のようにそばについている必要もありませんし、火加減の調節も不要。
耐熱皿やキャセロールに並べて焼けば、
大皿料理として食卓にそのまま出せるので、洗いものも少なくてすみます。

何より"簡単なのにごちそう！"に見えるのが嬉しいところ。

また素材の味を生かす調理法でもあり、実はさめても美味しく、
多めに仕込んでおけば、「作りおき」にもぴったり。
野菜を丸ごと焼いたものをマリネにしたり、
かたまり肉をローストして翌朝パンにはさんだりとアレンジもいろいろです。

本書ではメイン食材１品で作る「毎日のおかず」から
メイン食材２品で作る「ごちそう焼き」、
メイン食材３品以上の「新・おもてなし料理」まで、すべてのレシピにおいて、
とにかく「簡単」にこだわっています。

食材はなるべく少なく、手間も少なく
「グラタン」のページでは、ホワイトソースを作らない、パスタをゆでない
という新しい調理法もご紹介。

従来のオーブン料理に比べて焼き時間が短いのも、気軽に作ってもらいたいから。
低温でじっくり焼いても美味しいけれど、忙しい毎日には簡単なのがイチバン。

毎日のおかずに、女子会のおもてなしに、週末の作りおきに。
ぜひ本書を活用し、オーブンを電子レンジや鍋と同じように気軽に使って、
皆さんの日々の食卓を豊かにしてくださいね。

Contents

06　この本のやくそくごと

Part.1
組み合わせが決め手。
メイン食材2品 ごちそう焼き

08　たらとじゃがいものオーブン焼き
10　鶏むね肉とブロッコリーの
　　　アンチョビアーリオオーリオ
12　じゃがいもの梅マヨオイルサーディン
14　グリーンアスパラガスの生ハム巻き
　　　レモンアイオリソース添え
16　かじきまぐろとししとうの
　　　柚子こしょうマヨネーズ
18　チキンのインボルチーニ
20　白桃とポークのサルティンボッカ
22　アボカドボート2種
23　サーモンとマッシュルームの
　　　塩レモンハーブソース
24　ベトナム風トマトファルシ
25　イタリアンパプリカボート
26　かきと長いもの青のりバター焼き
27　香草入り手作りソーセージのクスクス焼き

　**ホワイトソースいらずの
　簡単グラタン**
28　グリーンピースとミントのラザニア
30　えびとトマトクリームのペンネ
31　ブルーチーズペンネグラタン
32　かきと里いもの白味噌クリームグラタン
33　豆腐明太子ドリア
34　かぶとほたてのじゃがいもグラタン
35　キムチじゃがいもグラタン

36　オーブン料理に使う耐熱容器と道具

Part.2
おつまみに、作りおきに。
メイン食材1品 毎日のおかず

38　ベイクドトマトのブルスケッタ
40　かぼちゃのはちみつレモン
42　白と黒のなす田楽
44　ハッセルバックポテト3種
46　かぼちゃフォンデュ
48　えびのアヒージョ
48　マッシュルームのアヒージョ
49　いかの塩麹アヒージョ
52　手羽先のエスニック焼き
54　れんこんのオイスターきんぴら
54　れんこん柚子こしょうクリーム
56　中近東風カリフラワーのスープ炊き
58　台湾風焼き豚
59　スパイシー焼き枝豆
60　玉ねぎと桜えびの
　　　パルメザンパン粉焼き
61　ピーマンのかつお節焼き
62　皮つき里いもの塩だれ焼き
63　ズッキーニ明太子クリームチーズ

Part.3

必ずレシピを聞かれる!!
メイン食材3品以上
新・おもてなし料理

■ **お弁当にも便利**
簡単ホイル焼き

- 64 たらのごま油わかめ蒸し
- 66 梅豚ロール
- 67 サーモンのマスタードソース
- 68 いかのワタ焼き
- 69 さつまいもとシナモンの
       メープルベーコン
- 70 鶏ときのこの塩麹バター
- 71 キャベツと豚バラしょうがの重ね焼き

■ **作りおきOK!**
焼き野菜マリネ2種

- 72 焼きなすのミントマリネ
- 73 焼きパプリカのマリネ

■ **アレンジいろいろ!**
オーブンで作るグリル野菜

- 74 いろいろ野菜のじっくり焼き

- 76 チキンのトマトサルサ
- 78 さんまのレモンパセリごはん
       塩ヨーグルトソース添え
- 80 チキンとぶどうのロースト
- 82 さばと根菜の味噌焼き
- 83 栗とソーセージとクランベリーのロースト
- 84 トマトとズッキーニと
       ボローニャソーセージ
- 85 厚揚げとかぼちゃのピーナッツサテ
- 86 スペアリブの黒酢マーマレード焼き
- 87 牛肉とトマトとなすのコチュジャン焼き
- 88 ベイクドフルーツ
       ココナッツメープル風味
- 89 ラムチョップ&焼きラタトゥイユ
- 92 紙焼きアクアパッツア
- 94 豚と紫キャベツとりんごのロースト

◎この本のやくそくごと

【食材について】
バターは有塩です。
生クリームは、基本的に動物性で35％以上のものを使用しました。

【計量について】
1カップは200ml、大さじ1 = 15ml、小さじ1 = 5mlです。

【電子レンジの加熱時間について】
600Wの電子レンジを使用した場合です。
500Wなら1.2倍を目安にしてください。

【温度設定について】
電気オーブンで作った場合の目安を記載しましたが、
機種によって熱量や熱の入り方が違いますので、
ご自分のオーブンのクセをつかむまで様子をみながら焼いてください。
ガスオーブンの場合は、本書のレシピよりも
10〜20℃低めに設定してみてください。

【予熱について】
基本的には、予熱中に食材を入れないこと。
徐々に温度が上がる間に素材に火が入ってしまうと美味しく仕上がりません。
完全に庫内が指定の温度に達してから、食材をセットしてください。

【予熱時に天板を入れる場合】
耐熱容器に食材を入れて焼く場合は、予熱時に天板もセットして温めます。
天板に食材をのせて焼く場合は、天板はセットしません。

【焼きがあまかった場合】
焼きあがったものをチェックして、加熱があまかった場合、
いっきに5分も焼いたりせず、1〜2分ずつ加熱して
焼き加減をチェックすると失敗がありません。

【表面がこげてきた場合】
中まで火が通っていない状態で、表面がこげてきた場合は、
途中でホイルをかぶせて焼きます。(a)

a

【レシピと違う分量を作る場合】
本書のレシピよりも多い、または少ない量を作りたい場合、
耐熱皿の中の密度が同じくらいであれば、
どちらも設定温度、加熱時間とも基本的に同じで大丈夫です。

【同じサイズの耐熱容器がない場合】
グラタンのように液体をたっぷりかけるレシピでなければ、
天板にオーブンシートを敷き、その上に材料をのせて焼いてもよいでしょう。(b)

b

Part.1

組み合わせが決め手。

メイン食材2品
ごちそう焼き

肉×野菜、肉×果物、魚×野菜など、
メイン食材2品でできる、簡単メニューをご紹介します。
どれも、これが2品だけでできるの？
と驚くような華やかさ。
じゃがいもやトマト、サーモン、チキン、挽肉、
たら、アボカド、卵など、いつもの身近な食材が、
オーブンにかかればごちそうに変身です。

200°C / 15 min

before　　　a

たらとじゃがいもの
オーブン焼き

干し塩だらを戻して作るポルトガル料理のアレンジです。
じゃがいもは少し食感が残るよう、軽めにマッシュします。
しっかりと塩けのきいたたらをほぐし、
じゃがいもと混ぜながらいただくと格別な美味しさに。

Recipe（2〜3人分）

写真は長径20cmの楕円形耐熱容器を使用

生だら…200g
塩…小さじ1
じゃがいも…3個（450g）
A│にんにくの薄切り…2片分
　│オリーブオイル…大さじ3½
パプリカパウダー…少々

【下準備】
・オーブンを200℃に予熱する。
・たらに塩をしてしばらくおき、水けをふき取る。

1. じゃがいもをつぶす
じゃがいもはラップで包み、電子レンジで約3分加熱し、皮をむく。耐熱容器に入れ、すりこぎなどでかるくつぶす（a）。

2. 焼く
小鍋にAを入れ温める。1のじゃがいもの上にたらをのせ、温めたAをかけ、パプリカパウダーをふり、200℃に予熱したオーブンで15〜20分、たらにこんがり焼き色がつくまで焼く。

Memo
・じゃがいもを粗くつぶすことで、ハッシュドポテトのようななめらかな口あたりのところと、カリッとしたおこげのところが生まれ、食感の違いを楽しめます。
・好みで最後に香菜のざく切りをたっぷり添えるのもおすすめです。

before

鶏むね肉とブロッコリーの
アンチョビアーリオオーリオ

ぱさつきやすい鶏むね肉を、ブロッコリーの上にのせて焼くことで、ブロッコリーから出る蒸気でふっくら仕上がります。またチーズをのせて焼くので、コクもプラスされます。好みでプチトマトをのせても。

Recipe（2人分）

写真は長径20cmの楕円形耐熱容器を使用

鶏むね肉…200g
ブロッコリー…½株

A
- アンチョビをたたいたもの…小さじ1
- 粒マスタード…小さじ½
- オリーブオイル…大さじ1
- にんにくの薄切り…1片分
- 赤唐辛子…少々

B
- オリーブオイル…大さじ1
- 塩…少々

白ワイン（または水）…大さじ1
モッツァレラチーズ…50g
（好みで）バジル（生）…適量

【下準備】
・オーブンは200℃に予熱する。

1. 鶏肉に味つけする
鶏むね肉はフォークで何カ所か穴をあけ、混ぜ合わせた A であえる。

2. ブロッコリーに味つけする
ブロッコリーは小房に分け、茎の部分に十字の切り込みを入れて B であえる。

3. 焼く
耐熱容器に 2 を入れて 1 をのせる。ブロッコリーに白ワインをまわしかけて200℃に予熱したオーブンで15分焼き、モッツァレラチーズをちぎってのせ、さらに5分焼く。好みでバジルをちらす。

190°C / 15 min

before

じゃがいもの梅マヨオイルサーディン

家にあるものでササッと作れる、ごはんにもよく合う親しみやすい料理です。
いわしのうまみがしみ込んでいるオイルで、カリッと焼きあげた
じゃがいもが絶品。梅マヨネーズでコクと酸味を足して奥行きのある味わいに。

Recipe（2〜3人分）

写真は直径18cmの耐熱容器を使用

じゃがいも…4個（600g）
オイルサーディン…1缶（約100g）
にんにくのすりおろし…1片分
塩…小さじ½
マヨネーズ…大さじ1½
梅干し…2個
大葉…6〜8枚

【下準備】
・オーブンを190℃に予熱する。

1. レンジで加熱する

じゃがいもは皮をむき、ひと口大に切って容器に入れ、水を底から約2cm注ぐ。ラップをして電子レンジで3分加熱する。

2. あえる

水けをきった1を耐熱容器に入れ、オイルサーディン缶の油と、にんにくのすりおろし、塩であえ、オイルサーディンをのせる。

3. 焼く

大葉をせん切りに、梅干しは種を取って梅肉を包丁などでたたく。マヨネーズと梅肉、大葉をちらし、190℃に予熱したオーブンで15分焼く。

Memo
・松の実をちらして焼いても美味しい。

before

グリーンアスパラガスの生ハム巻き
レモンアイオリソース添え

焼いたアスパラガスは、それだけでもとっても美味しいものですが、
生ハムを巻いてちょっとリッチに。今回はここに良く合う、
レモンをたっぷり入れたアイオリソースをご紹介します。

Recipe（2〜3人分）

グリーンアスパラガス（大）…6本
生ハム…6枚
オリーブオイル…小さじ1
黒こしょう…少々

●レモンアイオリソース
卵黄…1個分
オリーブオイル…大さじ3
レモン果汁…小さじ2
レモンの皮のすりおろし…½個分
塩…小さじ¼

【下準備】
・オーブンを180℃に予熱する。

1. 生ハムを巻く

グリーンアスパラガスは根元のほうのかたい部分を切り、下から⅓くらいまでの皮をピーラーでむく。生ハムを巻きつける。

2. 焼く

天板にオーブンシートを敷き、1をのせ、オリーブオイルをかるくまわしかけ、黒こしょうをふる。180℃に予熱したオーブンで10分焼く。

3. ソースを作る

小さなボウルに卵黄を入れ、少しずつオリーブオイルを加えながら泡立て器で混ぜる。もったりしてきたらレモン果汁を入れ、塩とレモンの皮を加えて味を調える。2のアスパラガスに添えていただく。

Memo
・このアイオリソースは、ゆで野菜にもよく合います。
・簡単ですが、おしゃれな仕上がりなので、おもてなし料理としてもおすすめです。

before

かじきまぐろとししとうの柚子こしょうマヨネーズ

誰からも好かれるマヨネーズ味のソース。
淡白なかじきまぐろともよく合います。ここでは柚子こしょうやケッパーを加えて、
後味のきりっとした、ちょっと大人っぽい風味にしました。

Recipe（2〜3人分）

写真は長径25cmの楕円形耐熱容器を使用

かじきまぐろ…3切れ
ししとう…10〜12本
塩…適量
オリーブオイル…小さじ1
A│マヨネーズ…大さじ4
　│ケッパー…小さじ2
　│柚子こしょう…小さじ1
ピンクペッパー…好みの量

【下準備】
・オーブンを200℃に予熱する。

1. 並べる

かじきまぐろに塩を少々ふり、水けをふいて、耐熱容器に並べる。ししとうに塩少々とオリーブオイルをからめて周りに並べる。

2. 焼く

Aを混ぜ合わせて1にかけ、ピンクペッパーをちらし、200℃に予熱したオーブンで15分焼く。

Memo
・ししとうの代わりにピーマンや万願寺唐辛子でも美味しく作れます。

before

a

b

c

チキンのインボルチーニ

「インボルチーニ」とは、肉や魚で野菜などを巻いたイタリア料理のこと。
さっぱりした鶏ささみに、赤玉ねぎとイチジクをくるんだ2種類をご紹介。
イチジクに加えるほんの少しの八丁味噌は、美味しい隠し味になっています。

Recipe（2人分）

写真は24×20cmの耐熱容器を使用

鶏ささみ…4本（200g）
イチジク…1個
赤玉ねぎ…約⅙個（20g）
塩・黒こしょう…各少々

A
| 玉ねぎのすりおろし…大さじ1
| 酢・サラダ油…各小さじ1
| 塩…小さじ¼
| 黒こしょう…少々

※Aは玉ねぎドレッシング（P.73）大さじ2で代用してもよい

タイム（生）…5枝
八丁味噌…小さじ1

B
| パン粉…大さじ2
| オリーブオイル…大さじ1
| 粉チーズ…大さじ½
| くるみの粗みじん切り…大さじ1

●ルッコラサラダ…適量
　↓
バルサミコ酢 小さじ2、オリーブオイル 大さじ1、塩・黒こしょう 各少々を混ぜ合わせ、ルッコラ 40gとあえる。

1. 鶏ささみに味つけする

鶏ささみは半分に開き（a）、ポリ袋に入れて、すりこぎなどでたたいてのばす。Aを鶏肉にもみ込む。

2. 具をくるむ

赤玉ねぎ：ラップの上に鶏肉を置き、1cm幅に切った赤玉ねぎを半量をのせ、タイム1枝分をちらしてくるむ（b）。もう1枚も同様に。

イチジク：ラップの上に鶏肉を置き、八丁味噌半量をぬってのばす。皮をむき、4ツ割りにしたイチジク2切れをのせて、タイム1枝分をふってくるむ（c）。もう1枚も同様に。

3. 並べて、焼く

2を耐熱容器に並べて混ぜ合わせたBをのせ、塩、黒こしょう、タイム1枝分をふり、200℃に予熱したオーブンで10～15分、こんがりと焼き色がつくまで焼く。ルッコラサラダを添える。

【下準備】
・オーブンを200℃に予熱する。

before　　　a

白桃とポークの
サルティンボッカ

「サルティンボッカ」とは、生ハムとセージを使うイタリアの肉料理です。
今回は、薄切りの豚肉をロールにしてアレンジ。火も通りやすく、
生ハムのうまみが均等に味わえるお気に入りの1品となりました。
付け合わせは豚肉との相性抜群の白桃で！

Recipe（2～3人分）　　　写真は23×15cmの耐熱容器を使用

豚ロース肉（しょうが焼き用）…250g
生ハム…3枚
白桃…1個
セージの葉（生）…13枚
塩…適量
白ワイン…小さじ1

A ┃ パン粉…大さじ1
　 ┃ オリーブオイル…大さじ½
　 ┃ 粉チーズ…小さじ1

【下準備】
・オーブンを180～190℃に予熱する。

1. 豚肉を巻く

ラップの上に豚肉を少しずつ重ねるように並べ、上に生ハムを広げてのせる。セージの葉を10枚ちらし、手前から巻く（a）。

2. 耐熱容器に入れる

耐熱容器の中央に1を置き、塩を表面にふる。桃は皮をむいてくし切りにし、豚肉の周りに並べる。軽く塩をふり、全体に白ワインをかける。

3. 焼く

Aを混ぜ合わせて豚肉にまぶし、セージの葉3枚をのせる。180～190℃に予熱したオーブンで20～25分焼く。

Memo
・桃は、あまり甘くないもので大丈夫です。
・黄桃やネクタリン、紅玉、ぶどう、パイナップル、杏（缶）もよく合います。酸味の強い果物には、少し砂糖をふりかけるとキャラメリゼされて味が凝縮し、美味しく仕上がります。

240℃/10min

アボカドボート2種

こっくりしたアボカドに、卵を落として焼きあげるグラタン風の1品。
ハーブでアクセントをつけたマヨネーズ味の洋風メニューと
醤油をかけたじゃこがカリッとした食感の和風の味。どちらもおすすめです。

before

Recipe（2人分）

写真は直径15cmの耐熱容器を使用

アボカド…2個
卵（Sサイズ）…4個

A
- ●ハーブマヨネーズ（写真：左）
  - マヨネーズ…大さじ2
  - ハーブのみじん切り…小さじ1
  - ※ここではセルフィーユを使用
  - （好みで）粉チーズ…小さじ1

B
- ●じゃこ醤油（写真：右）
  - けずり節…大さじ1
  - ちりめんじゃこ…大さじ1
  - 醤油…小さじ1

【下準備】
・オーブンを240℃に予熱する。

1. アボカドに卵を落とす
アボカドを縦半分に切り、種を除く。種があった穴に卵を落とす。

2. 焼く
耐熱容器にアボカドを置き、卵の周りに混ぜ合わせた **A** または **B** をのせる。240℃に予熱したオーブンで卵の表面が白くなって火が通るまで10〜15分焼く。

※オーブントースターでも可

Memo
・卵は直接穴に落とすとあふれてしまうので、一度器に移してから入れるとよいでしょう。また、種を除いたあとの穴が小さい場合は、スプーンなどで穴を少し広げてください。

200℃/20min

サーモンとマッシュルームの塩レモンハーブソース

ディルとレモンとクリームを合わせた、北欧でおなじみのサーモン料理です。
塩レモンを使って、きりっとしたほろ苦さを加えました。
ゆでたじゃがいもやフェットチーネを添えても美味しいです。

before

Recipe（2～3人分）

写真は 19×12cm の耐熱容器を使用

サーモン（皮をはずしたもの）… 400g
マッシュルーム… 150g

A
塩レモン… 大さじ1
醤油… 小さじ1
白ワイン… 小さじ1

B
生クリーム… 100ml
塩レモン… 小さじ1½
ディルのみじん切り… 大さじ1

（好みで）ディル（生）… 適量
（好みで）レモンの皮の細切り… 適量

【下準備】
・オーブンを200℃に予熱する。

1. 味をつける

サーモンは水けをふき取り A をまぶす。マッシュルームは3～4mmの薄切りにする。耐熱容器に B を入れて混ぜ、マッシュルームをあえる。

2. 焼く

1 のマッシュルームの上にサーモンをのせ、好みでディル適量をちらし、200℃に予熱したオーブンで20分焼く。ディルやレモンの皮の細切りを好みでのせていただく。

Memo

・サーモンは大きな部位でも切り身でも構いません。切り身の場合は皮はむかずに焼いても大丈夫です。その場合、焼き時間は約15分を目安に。

メイン食材2品：サーモン、マッシュルーム　23

190℃ / 20min

ベトナム風トマトファルシ

香菜とカレー粉、ナンプラーでエスニック風味のファルシに。
トマトの果肉も中だねに使うので、ふっくらジューシーに仕上がります。
くり抜いたトマトに薄力粉をふると、中だねがトマトからはがれにくくなります。

before

Recipe（4個分）

写真は 24 × 20cm の耐熱容器を使用

トマト（中）…4個

A
- 豚挽肉…160g
- 香菜のみじん切り…20g
- パン粉…大さじ3
- ナンプラー…小さじ1
- カレー粉…小さじ½
- にんにくのすりおろし…1片分
- 塩…小さじ¼
- 黒こしょう…少々

薄力粉（打ち粉用）…少々

【下準備】
・オーブンは190℃に予熱する。

1. トマトをくり抜く

トマトは、上1cmを切り、底を抜かないようにナイフでくり抜き、中身を取り出す。

2. 肉だねを作る

1で取り出したトマトの中身から種を取り除いてみじん切りにし、ボウルに入れる。Aを加えて、よくこねる。

3. 焼く

くり抜いたトマトの中に薄力粉をふり、2の肉だねを詰める。耐熱容器に並べ、190℃に予熱したオーブンで20分焼く。

170℃/40min

イタリアンパプリカボート

とても簡単にできて、見た目もきれいな一品。パプリカの甘みとアンチョビの塩け、オリーブの酸味など、"イタリアの美味しい！"を詰め込みました。
さめると、より味がなじむので、前菜にもぴったりです。

before

Recipe（2～3人分）

写真は 24 × 20cm の耐熱容器を使用

パプリカ…2個
プチトマト…4個
オリーブ（種なし）…8粒
アンチョビ…4切れ
にんにく…1片
オリーブオイル…大さじ2
赤ワインビネガー…大さじ½

【下準備】
・オーブンを170℃に予熱する。

1. 切る
パプリカは縦¼に切り、種とワタを除く。プチトマト、オリーブ、アンチョビを半分に切り、にんにくは薄切りにする。

2. 並べて、焼く
パプリカは切り口を上にして耐熱容器に並べ、1の残りを上にのせる。オリーブオイルと赤ワインビネガーを全体にかけ、170℃に予熱したオーブンで40分焼く。

220℃ / 10min

かきと長いもの青のりバター焼き

青のりバターとかきの香りが一体となった、海の幸のごちそうです。
下に敷いた長いもに、かきの濃厚なうまみがしっかりしみわたり、
シャクシャクした独特の食感とともに楽しめます。

before

Recipe（2～3人分）

写真は長径22cmの楕円形耐熱容器を使用

かき…約15個（300g）
長いも…300g
塩…大さじ1
白ワイン…大さじ2
A｜ バター…大さじ2　※室温に戻しておく
　｜ 青のり…小さじ1
醤油…大さじ1
パン粉…大さじ2

【下準備】
・オーブンを220℃に予熱する。
・かきを塩水でよく洗い、白ワインをふる。

1. 材料を並べる

長いもは拍子木切りにする。耐熱容器にバター（分量外）をぬり、長いもを並べ、水けをきったかきをのせる。

2. 焼く

Aを混ぜ合わせて全体にのせ、醤油をまわしかけ、パン粉をちらし、220℃に予熱したオーブンで10分焼く。

200℃ / 10min

香草入り手作りソーセージの
クスクス焼き

ハンバーグを作るより簡単な手作りソーセージは、
玉ねぎを炒めるかわりに、ケチャップで手軽に甘みと水分とコクをプラス。
肉汁を吸ったクスクスを混ぜ合わせていっしょにいただきます。

before

Recipe（2〜3人分）

写真は長径22cmの楕円形耐熱容器を使用

A
  合挽肉…300g
  パン粉…大さじ2、卵…1個
  トマトケチャップ…大さじ3
  塩…小さじ½

プチトマト…6個
クスクス…90g、熱湯…100cc
塩…小さじ¼

B
  ハーブのみじん切り…大さじ2
  ※ここではミントとタイム（各生）を使用
  にんにくのみじん切り…1片分

タイム(生)…4枝

【下準備】
・オーブンを200℃に予熱する。

1. クスクスを戻す
耐熱容器にクスクスを入れ、塩と熱湯をかけてサッと混ぜる。プチトマトを4等分に切って加え、ラップをしておく。

2. ソーセージを作る
ボウルにAを入れてこね、肉だねを作る。Bを混ぜ合わせる。肉だね⅙量を手の平の上で平らにし、B⅙量を包んで細長く形作る。

3. 焼く
1のクスクスの上に2を並べ、タイムをのせ、200℃に予熱したオーブンで10分焼く。

メイン食材2品：合挽肉、クスクス 27

失敗しらずの感動レシピ

ホワイトソースいらずの簡単グラタン

グラタンは大好きだけれども、ホワイトソースを作るのが面倒…という方、多いようです。ここでは、生クリームやチーズを上からかけるだけでできる、ホワイトソースいらずの簡単なグラタンをご紹介します。さらに、ゆでずにできる！画期的な1ポットペンネグラタンも2種類ご紹介。簡単だけど、ちゃんと美味しいグラタンばかりです。ぜひ気軽に作ってみてください。

200℃ / 20min

a　　b

グラタン

グリーンピースとミントの
ラザニア

グリーンピースとミントは、フレンチではポピュラーな組み合わせです。
カッテージチーズは、チーズのコクがありつつもカロリーひかえめ。
爽やかなフレッシュミントをふんだんに使った軽やかなラザニアです。

Recipe（2〜3人分）

写真は19×12cmの耐熱容器を使用

- グリーンピース（冷凍）…250g
- A
  - オリーブオイル…大さじ½
  - にんにくのみじん切り…½片分
  - アンチョビ…1枚
- コンソメスープ…150ml
  ※市販のスープの素をやや薄めに溶いたものでもよい
- B
  - ミントのみじん切り…大さじ2
  - 玉ねぎのみじん切り…⅛個分
- 生クリーム…120ml
- カッテージチーズ…80g
- 塩・黒こしょう…各少々
- パルミジャーノ（粉チーズ）…大さじ1
- ラザニア…4枚
  ※ここではゆでないタイプを使用
- （好みで）ミントの葉（生）…適量

1. グリーンピースを煮詰める

熱したフライパンにAを入れ、香りが立ってきたら冷凍グリーンピースとコンソメスープを加え、水分がほとんどなくなるまで中火で煮詰める。ここでオーブンを200℃に予熱する。

2. マッシュする

1をすりこぎなどで軽くマッシュし（a）、Bと生クリームの半量を加えて混ぜる。

3. 生クリームとチーズを混ぜる

ボウルに残りの生クリームとカッテージチーズを入れて混ぜ合わせ、塩、黒こしょうで味を調える。

4. 重ねて焼く

お湯にさっとくぐらせたラザニアを1枚、耐熱容器に入れる。その上に2の半量、ラザニア1枚、3の半量、ラザニア1枚と繰り返し、最後に3を表面にのせ（b）、パルミジャーノをふって好みでミントをちらし、200℃に予熱したオーブンで20分、表面がこんがりするまで焼く。

Memo

・旬の季節には、ぜひ生のグリーンピースで作ってみてください。その場合、軽くゆでてから使うこと。
・ゆでずに使えるラザニアは、湯にさっとくぐらせることで早くやわらかくなります。もちろん、ゆでるタイプのラザニアでも作れます。
・グリーンピースの半量をじゃがいもにしたり、そら豆をプラスしても美味しいです。

グラタン

えびとトマトクリームのペンネ

ペンネをゆでる10分が、せっかちな私には、いつも面倒でした。
そこで、ゆでずに生クリームに入れてオーブンにおまかせしてみたところ、
とろみもついて、うまみもしみ込み、大活躍の1品に！

Recipe（2人分）

写真は19×12cmの耐熱容器を使用

えび…6尾
ペンネ（乾燥）…60g
A｜トマトペースト…60g
　｜生クリーム…200ml
　　（脂肪分40%以上のもの）
ベーコン…1枚
にんにくのみじん切り…少々
B｜パン粉…大さじ2
　｜オリーブオイル…小さじ2
　｜バジルまたはパセリのみじん切り
　　…少々

【下準備】
・オーブンを180℃に予熱する。
・えびは殻をむき、背ワタを除いて塩水で洗う。

1. 混ぜる
ベーコンはみじん切りにする。耐熱皿にAを入れて混ぜ合わせ、ベーコンとにんにく、えび、ペンネ（乾燥）を加えて混ぜる。

2. 焼く
180℃に予熱したオーブンで10分焼く。Bを混ぜ合わせてグラタンの表面にちらし、さらに25〜30分こんがりきつね色になるまで焼く。

Memo
・溝が深く切り口が斜めのため、水分がしみ込んで火が通りやすいペンネを使っています。マカロニで作る場合は時間が余分にかかり、芯が残りやすくなります。容器は、ペンネが生クリームでひたひたになるくらいのものを使うこと。

180℃ / 25min

グラタン

ブルーチーズペンネグラタン

ペンネをゆでずに作れる簡単グラタンです。
マッシュルーム以外の、好みのきのこで作ってもOK。
栗の甘露煮を加えると、甘さがアクセントとなり、こちらもおすすめです。

Recipe（2人分）

写真は19×12cmの耐熱容器を使用

- ペンネ（乾燥）…60g
- マッシュルーム…4個
- A
  - 生クリーム…200ml
    （脂肪分40％以上のもの）
  - ゴルゴンゾーラチーズ…30g
    ※ここでは、青カビが多い「ピカンテ」を使用
  - 黒こしょう…少々
  - にんにくのみじん切り…少々
  - 塩…小さじ¼

【下準備】
・オーブンを180℃に予熱する。
・ゴルゴンゾーラチーズは小さくちぎる。

1. 混ぜる

マッシュルームを4つ切りにする。耐熱皿にペンネを乾燥のまま入れ、Aを加えて混ぜる。

2. 焼く

耐熱皿にマッシュルームを全面にちらして軽く混ぜ合わせ、180℃に予熱したオーブンで25〜30分焼く。

Memo

・溝が深く切り口が斜めのため、水分がしみ込んで火が通りやすいペンネを使っています。マカロニで作る場合は時間が余分にかかり、芯が残りやすくなります。容器は、ペンネが生クリームでひたひたになるくらいのものを使うこと。

180℃ / 25min

> グラタン

かきと里いもの白味噌クリームグラタン

味噌をベースにしたクリームで作る、和テイストのグラタンです。
かきに粉をまぶすことで全体にとろみをつけています。
このひと手間を忘れずに。好みで、柚子をちらしても美味しいです。

Recipe（2人分）

写真は19×12cmの耐熱容器を使用

かき…8個　里いも（中）…8個
長ねぎ…50g分
薄力粉…大さじ1〜2
オリーブオイル…小さじ1　※バターでもよい
にんにくのみじん切り…1片分
生クリーム…200ml
A｜白味噌…60g
　｜粉チーズ…20g
塩…適量

【下準備】
・かきは塩水でよく洗う
・里いもの皮をむいてひと口大に切る。
・長ねぎを白髪ねぎに切る。

1. かきをソテーする

かきの水けをきって薄力粉をたっぷりはたく。フライパンにオリーブオイルをひいて熱し、にんにくのみじん切りを加え、香りが立ってきたらかきをさっとソテーする。ここでオーブンを220℃に予熱する。

2. 里いもを加熱する

耐熱容器に生クリームと里いもを入れてラップをし、電子レンジで2分加熱する。

3. 焼く

2にA、白髪ねぎ、1を入れて混ぜ、220℃に予熱したオーブンで20分焼く。

220℃ / 20min

[グラタン]

豆腐明太子ドリア

明太バターごはんに、人気の豆腐クリームをかけた食べごたえのある1品。ごはんにもクリームにも先に火を通しているので、オーブンはもちろんオーブントースターでも作れます。その場合も加熱時間は同じでOKです。

Recipe（2人分）

写真は19×12cmの耐熱容器を使用

- 温かいごはん…200g
- 豆腐…200g
  ※木綿でも絹ごしでもよい
- 生クリーム…大さじ3
- A
  - 明太子…50g（薄皮から中身をかき出す）
  - バター…小さじ1
  - にんにくのすりおろし…少々
  - パセリのみじん切り…少々
- 塩・黒こしょう…各少々
- シュレッドチーズ…40g

【下準備】
・オーブンを220℃に予熱する。

1. 豆腐クリームを作る
豆腐を電子レンジで約2分加熱して、しっかり水きりし、生クリームといっしょにミキサーなどでなめらかにする。

2. 明太バターごはんを作る
ごはんとAをよく混ぜ合わせる。明太子の塩加減に合わせて、塩、黒こしょうで味を調える。

3. 焼く
耐熱容器に2を入れ、1をかけ、シュレッドチーズをのせて、220℃に予熱したオーブンで10分、こげ目がつくまで焼く。

220℃ / 10min

> グラタン

かぶとほたてのじゃがいもグラタン

薄切りにして、シャキシャキ感を生かしたかぶと、
ほくほくしたじゃがいものハーモニーが新しいグラタンです。
グラタンのとろみは、じゃがいものでんぷん質でつけるので、水にさらさないこと。

Recipe（2人分）

写真は19×12cmの耐熱容器を使用

かぶ…2個（150g）、ほたて…6個
じゃがいも…1個（150g）
生クリーム…100cc、サワークリーム…90g
醤油…小さじ2、塩・黒こしょう…各少々

A ┃ パン粉…大さじ1～2
　 ┃ オリーブオイル…大さじ1/2～1
　 ┃ セルフィーユまたは
　 ┃ 　パセリのみじん切り…少々

【下準備】
・オーブンを220℃に予熱する。
・かぶは皮をむいて薄切りにし、
　醤油小さじ1をかけで軽くもむ。
・ほたては半分に切り、
　醤油小さじ1をかける。

1. 電子レンジで加熱する

じゃがいもは皮をむいて3cm厚さの輪切りにし、水けをきったかぶといっしょに耐熱容器に入れる。生クリームの半量をまわしかけ、ふんわりとラップをして電子レンジで2分加熱する。

2. クリームを合わせる

1の上にほたてを並べる。生クリームの残りとサワークリームを混ぜ合わせ、塩、黒こしょうで味を調えてほたてにかける。

3. 焼く

Aを混ぜ合わせて2の上にかけ、220℃に予熱したオーブンで約15分焼く。

220℃ / 15min

| グラタン |

キムチじゃがいもグラタン

ちょっと無国籍な味が楽しいメニューです。
私は、鍋パーティなど、あと1品欲しいなというときに
パパッと作ることも。乳製品とキムチは、本当によく合います。

Recipe（2～3人分）

写真は19×12cmの耐熱容器を使用

じゃがいも…3個（450g）
A｜生クリーム…150ml
　｜塩…小さじ¼
キムチ…50g
万能ねぎのみじん切り…大さじ1

【下準備】
・オーブンを220℃に予熱する。

1. 切ってレンジにかける

耐熱容器にAと皮をむいて2～3mm厚さの薄切りにしたじゃがいもを入れる。耐熱容器にふんわりとラップをかけて電子レンジで4分加熱する。

2. 焼く

キムチを細かく刻んで1にのせ、220℃に予熱したオーブンで15～20分焼く。万能ねぎをちらす。

Memo
・じゃがいものでんぷん質でとろみをつけたいので、切ってから水にさらさないこと。

220℃/15min

オーブン料理に使う耐熱容器と道具

耐熱容器について

オーブンに入れてもいい容器は、グラタン皿や耐熱性のガラス容器、ホーローバット、ふたのできる浅い鍋（キャセロール）、土鍋などです。フライパンも使えますが、必ず持ち手部分も金属でできているか、はずせるものを使ってください。

必要な道具について

オーブン料理に特別変わった道具は必要ありませんが、加熱途中でこげないようかぶせるためにホイルを、そして天板に食材をのせて焼くときに敷く、オーブンシートは用意しておきましょう。オーブンシートは白いもの、茶色いものと2種ありますが、性能に違いはありません。また、火傷を防ぐためミトンは必ず使ってください。

Part.2

おつまみに、作りおきに。

メイン食材1品
毎日のおかず

冷蔵庫にある食材1品で、オーブンにおまかせの料理ができるなら、
毎日のごはん作りがグッと楽になります。
きれいに並べることで、おもてなし料理としても活躍しますし、
さめてからも美味しいものばかりなので
多めに焼いて、作りおきとしても活用できます。
いいことづくめの1品オーブン料理です！

220°C / 15 min

before

ベイクドトマトのブルスケッタ

温かくやわらかいトマトとカリッとしたバゲット、
そしてとろけてコクのあるカマンベールチーズがよく合います。
ブランチに、またワインのお供にもピッタリです。

Recipe（2〜3人分）

写真は 24 × 20cm の耐熱容器を使用

トマト（中）…3個（300g）
バゲット…½本
カマンベールチーズ…50g
A ┃ オリーブオイル…大さじ2
　┃ バルサミコ酢…小さじ2
　┃ 塩・黒こしょう…各少々
　┃ タイム（生）…適量

【下準備】
・オーブンを220℃に予熱する。

1. 切る
トマトとバゲットを約1cmの厚さに切る。カマンベールチーズをひと口大にちぎる。

2. 並べて焼く
耐熱容器に1のトマトとバゲットを交互に並べ、カマンベールチーズをちらす。Aを上から順にかけて、220℃に予熱したオーブンで15分、バゲットがこんがり色づき、チーズに焼き色がつくまで焼く。

Memo
・色合いが美しいので、ホームパーティにも活躍します。
・チーズをモッツァレラチーズにかえても。その際は、バジル（生）をちらすとより美味しくなります。

before

かぼちゃのはちみつレモン

ほんのり甘い、デザートのような1品。
塩はかぼちゃの甘みを引き立てるためにふっています。
お好みでクリームチーズの量を増やしてもいいでしょう。
肉料理の付け合わせにもピッタリです。

Recipe（2〜3人分） 写真は24×20cmの耐熱容器を使用

かぼちゃ…約1/10個（180g）
レモンの薄切り…6枚
塩…小さじ1/4
はちみつ…大さじ1 1/2
クリームチーズ…20〜30g
オリーブオイル…小さじ1

【下準備】
・オーブンを200℃に予熱する。

1. 切る
かぼちゃは種とワタを除き、約5mmの厚さに切り、塩とオリーブオイルであえる。クリームチーズをひと口大にちぎる。

2. 並べて焼く
耐熱容器に1のかぼちゃとレモンの薄切りを並べ、はちみつをまわしかける。クリームチーズをちらす。200℃に予熱したオーブンで12〜15分焼く。

Memo
・シナモンをふっても美味しいです。
・ほくほくした食感を楽しみたい場合は、1cmの厚さに切り、180℃に予熱したオーブンで20〜30分焼くといいでしょう。

before　　　　　a　　　　　b

白と黒のなす田楽

美味しく作るコツは、焼く前になすにしっかり油をぬること。
身がふんわり仕上がり、また、コクが加わります。
白田楽も黒田楽も濃厚で、ごはんによく合う味です。

Recipe（2人分）

写真は19×12cmの耐熱容器を使用

なす…2本
太白ごま油…大さじ1
※菜種油やサラダ油でもよい
塩…少々

●白田楽（写真左：2本分）
A｜
　白味噌…大さじ1 2/3
　みりん…小さじ1強
　水…小さじ1/2
　太白ごま油…大さじ1
　※菜種油やサラダ油でもよい
　くるみのみじん切り…大さじ1
　ゆずの皮のすりおろし（あれば）…少々

●黒田楽（写真右：2本分）
B｜
　赤味噌…大さじ1 2/3
　みりん…小さじ1強
　砂糖…小さじ2
　水…小さじ1/2
　太白ごま油…大さじ1
　※菜種油やサラダ油でもよい
　大葉のみじん切り…5枚分
　みょうがのみじん切り…1本分

【下準備】
・オーブンを200℃に予熱する。

1. 切る

なすは縦半分に切り、皮と身の両面に格子状に切り目を入れ（a）、塩をふる（または塩水につける）。

2. 並べて、焼く

白田楽の場合はA、黒田楽の場合はBを混ぜ合わせる。耐熱容器の上でなすの皮の部分に太白ごま油をかける（b）。そのまま容器に切り口を上にして並べ、A、もしくはBをなすの表面にぬる。200℃に予熱したオーブンで10～15分焼く。

Memo
・なすにしっかり油を含ませるために、必ず格子状に切り目を入れてください。

before　　　　a

ハッセルバックポテト3種

スウェーデンでポピュラーな家庭料理です。切り込みを深く入れることで、
見た目がユニークに、かつ火の通りも早くなり、カリッと仕上がります。
切り込みはよく水洗いしてぬめりを除き、油分をぬることで、しっかり開きます。

Recipe（3個分）

じゃがいも（メークイン）…3個（450g）

●ブルーチーズソルト（写真下：1個分）
オリーブオイル…大さじ½
粗塩…少々
にんにくのみじん切り…⅓片分
ブルーチーズ…15g

●ガーリックソルト（写真中：1個分）
オリーブオイル…大さじ1
A │ にんにくのみじん切り…½片分
　│ 粗塩…少々
　│ ローズマリー…3枝

●ブルーチーズバター（写真上：1個分）
B │ バター…10g
　│ ブルーチーズ…10g
にんにくのみじん切り…⅓片分

【下準備】
・230℃にオーブンを予熱する。
・天板にオーブンシートを敷く。

1. 切り込みを入れ、洗う

じゃがいもはしっかり洗い、皮つきのまま、2本の箸の間に置く。下まで切らないように2〜3mm間隔で切り込みを入れる（a）。水にさらしながら、切り込み部分を洗ってぬめりを除き、水けをふく。

2. 焼く

ブルーチーズソルト：じゃがいもの全体と切り込みにオイルをぬり、にんにくを入れる。全体に塩をふり、オーブンで40分焼く。焼き上がりにブルーチーズをのせる。
ガーリックソルト：じゃがいもの全体と切り込みにオイルをぬる。Aを切り込みに入れオーブンで40分焼く。
ブルーチーズバター：Bを混ぜ合わせてじゃがいもの切り込みにぬり、にんにくのみじん切りを入れ、オーブンで40分焼く。
※表面がこげそうになってきたらホイルをかぶせて焼く。

Memo

・切り込みが少し開き、竹串を刺してすっと通るようになるまで焼くこと。
・早く仕上げたいときは、じゃがいもに切り込みを入れたあとラップをして電子レンジに3分かけ、切り込みを洗って油分をぬってからオーブンで焼くといいでしょう。

before　　　　a

かぼちゃフォンデュ

坊ちゃんかぼちゃを丸ごと使った、見た目も華やかな1品。
甘いかぼちゃをとろとろのチーズにからめ、スプーンで崩しながら食べてもいいですし、
ほどよくさめてからケーキのように切り分けて食べるのも、また楽しいもの。

Recipe（2〜3人分）

A
- 坊ちゃんかぼちゃ…1個（450g）
- 生クリーム…150ml
- チーズの細切り…100g
  ※今回はコンテチーズを使用。好みのシュレッドチーズでもよい
- 塩・こしょう・ナツメグ…各少々

【下準備】
・オーブンを180℃に予熱する。

1. 電子レンジで加熱する。
坊ちゃんかぼちゃは水洗いしたあと水分はふき取らずにラップをして、電子レンジで約4分加熱する。

2. かぼちゃの中をくり抜く
かぼちゃは上から2cmくらいのところを切り落とし、身をくり抜く。ナイフなどで切り目を入れてからスプーンですくい出すと、くり抜きやすい（a）。

3. 焼く
くり抜いた身から種やワタを取り除いて、中に戻す。ふたの部分が大きめなら、そこの身もくり抜いて加える。Aを混ぜ合わせ、かぼちゃの中に入れる。天板にホイルを敷いてかぼちゃをのせ、180℃に予熱したオーブンで30分焼く。

Memo
・かぼちゃを先に電子レンジにかけるので、くり抜きやすく、また調理時間も短縮できます。

マッシュルームのアヒージョ
200°C / 15 min

えびのアヒージョ
200°C / 15 min

いかの塩麹アヒージョ

220℃ / 10min

えびのアヒージョ

オイルとにんにくで煮込んだ人気のタパス（小皿料理）"アヒージョ"。
えびとマッシュルームと合わせて作っても美味しいです。

Recipe（2～3人分）

写真は直径12cmの耐熱容器を使用

えび…約7尾（150g）
にんにく…1片
赤唐辛子…1本
オリーブオイル…適量
パセリのみじん切り…大さじ1
塩…適量

【下準備】
・オーブンを200℃に予熱する。
・えびは尾を付けたまま殻をむき、背ワタを除いて、塩少々でもみ洗う。

1. 材料を耐熱容器に入れる

にんにくを包丁の背などでつぶし、赤唐辛子は種を除く。下処理したえびとともに耐熱容器に入れる。

2. 焼く

オリーブオイルを1のえびがひたひたになるくらいまで注ぎ、塩少々とパセリのみじん切りをちらし、200℃に予熱したオーブンで15分焼く。

マッシュルームのアヒージョ

マッシュルームのうまみを含んだオイルに
バゲットをつけて召し上がっても。

Recipe（2～3人分）

写真は直径12cmの耐熱容器を使用

マッシュルーム…約8個（150g）
にんにく…1片
赤唐辛子…1本
オリーブオイル…適量
パセリのみじん切り…大さじ1
塩…少々

【下準備】
・オーブンを200℃に予熱する。

1. 材料を切る

マッシュルームは石づきを切り落とす。にんにくは包丁の背などでつぶし、赤唐辛子の種は除く。

2. 焼く

耐熱容器に1を入れ、オリーブオイルをマッシュルームがひたひたになるくらいまで注ぎ、塩とパセリのみじん切りをちらし、200℃に予熱したオーブンで15分焼く。

いかの塩麹アヒージョ

かたくなりやすいいかは塩麹を加えることでやわらかく、
ふくよかに仕上がります。青ねぎを加えて和風味にしました。

before

Recipe（2〜3人分）

写真は直径12cmの耐熱容器を使用

いか…1杯（250g）
塩麹…約小さじ2（12g）
にんにく…1片
赤唐辛子…1本
オリーブオイル…適量
万能ねぎのみじん切り…大さじ½

【下準備】
・オーブンを220℃に予熱する。
・いかをおろす（お店でおろしてもらってもよい）。

1. 下味をつける
おろしたいかを塩麹であえる。にんにくを包丁の背でつぶし、赤唐辛子の種は除く。

2. 焼く
耐熱容器に1を入れ、オリーブオイルをいかがひたひたになるくらいまで注ぐ。万能ねぎのみじん切りをちらし、220℃に予熱したオーブンで10〜15分焼く。

Memo
・いかはオイルから出た部分はかたくなりやすいので、全体がしっかりオイルにつかるよう、器に合わせて量を調節してください。

いかのおろし方

1.
2.
3.

①胴とワタを指ではがし、足をそっと引っ張り出す
②胴から骨を抜く
③ワタと口の下を切り離したら、足と目の境に包丁を入れて切る

4.
5.
6.

④口をむしり取る
⑤足の吸盤をこそげ取る
⑥食べやすい大きさに切る

＼残ったオイルでパスタを楽しむ！／

アヒージョのオイルにはマッシュルームやシーフードのうまみがたっぷりうつって、とても美味しいもの。オイルが残ったら、ゆでたパスタにからめて余すことなく楽しみましょう。バジルなど好みのハーブを添えるのもおすすめです。

メイン食材1品：いか

before

手羽先のエスニック焼き

遠火でじんわり焼くことで、皮はパリッと、中はふんわり仕上がる手羽先は、まさに"オーブン料理向きの食材"です。骨つき肉はうまみが濃いので、シンプルな味つけでも美味しいのがいいところですね。

Recipe（2〜3人分）

写真は直径20cmの耐熱容器を使用

手羽先…8本（400g）
黒こしょう…適量
A
　ナンプラー…大さじ2
　レモン果汁…大さじ1
　にんにくのすりおろし…1片分
　赤唐辛子の輪切り…1本
レモン果汁…適量

【下準備】
・オーブンを220℃に予熱する。
・耐熱容器にオーブンシートを敷く。

1. 手羽先に味をつける
手羽先は水けをふき、皮にフォークで穴をあける。Aを混ぜ合わせて鶏肉にすり込む。

2. 並べて焼く
1を耐熱容器に並べて黒こしょうをふり、220℃に予熱したオーブンで15〜20分焼く。レモン果汁をかけていただく。

Memo
・黒こしょうの代わりにカレー粉やクミンシードなどでも美味しいですし、ナンプラーの半量を醤油にかえると香ばしい色がつき、これもまた、おすすめです。
・手羽先の下にピーマンやししとう、玉ねぎ、きのこなどを敷くと、具だくさんで食べごたえのある1品に変身。肉のうまみを吸った野菜が美味しくいただけます。

上
220℃/10min

下
220℃/15min

54

れんこんのオイスターきんぴら

小さめのひと口サイズに切ってカリッと焼きあげることで、香ばしくなり、食感も楽しい料理です。濃いめの味つけなので、冷蔵庫で3日間は保存可能。常備菜としても活躍するので、多めに作っておくと便利です。

before

Recipe（2〜3人分）

写真は21×16cmの耐熱容器を使用

れんこん…200g
切りごま…大さじ1
A｜オイスターソース・ごま油…各大さじ1
　｜豆板醤・はちみつ…各小さじ1

【下準備】
・オーブンを220℃に予熱する。

1. 切る
れんこんは小さめの乱切りにして、約5分水にさらす。Aを混ぜ合わせる。

2. 焼く
1のれんこんの水けをふき取り、Aであえる。耐熱容器に入れ、切りごまをふって220℃に予熱したオーブンで10〜15分焼く。

れんこん柚子こしょうクリーム

れんこんを薄切りにすることで、しっとりした食感に仕上げました。食卓にもう1品欲しいなというとき、魚や肉を使ったメイン料理の付け合わせに便利なメニューで、和食にも洋食にも合います。

before

Recipe（2〜3人分）

写真は21×16cmの耐熱容器を使用

れんこん…150g
　｜柚子こしょう…小さじ1/3
A｜生クリーム…大さじ3
　｜醤油…小さじ1/3

【下準備】
・オーブンを220℃に予熱する。

1. 切る
れんこんは約5mmの半月切りにし、約5分水にさらす。Aを混ぜ合わせる。

2. 焼く
1のれんこんの水けをきり、耐熱容器に並べ、Aをかける。220℃に予熱したオーブンで15〜20分焼く。

Memo
・焼きあがりに、あさつきをちらしても美味しいです。

中近東風
カリフラワーのスープ炊き

パリで食べた人気店の看板メニュー。黒こげのカリフラワーにびっくり！
上はカリカリとして香ばしく、下はやわらかくて甘い、
異なった美味しさが楽しめる料理。ソースを添えてもどうぞ。

before

Recipe（2〜3人分）

写真は 18 × 18cm の耐熱容器を使用

カリフラワー…½株（250g）
コンソメスープ…100〜200ml（容器に応じて）
※市販のコンソメスープの素をやや薄めに溶いたものでもよい
オリーブオイル…大さじ 1〜2
塩…小さじ ¼

【下準備】
・オーブンを 200℃に予熱する。

1. 切る
カリフラワーは根元を切り落として食べやすい大きさに切る。茎の部分には、十字に切り込みを入れる。

2. 電子レンジで加熱する
耐熱容器にカリフラワーを房の部分を上にして入れ、茎の部分がひたるくらいの量のコンソメスープを入れる。ラップをふんわりとかけて電子レンジで 3 分加熱する。

3. 焼く
2 のカリフラワーにオリーブオイルと塩をかけ、200℃に予熱したオーブンで 20 分、表面にこげ目がつくくらいまで焼く。

Memo
・表面は真っ黒にこがしても OK ですが、お好みの焼き色で。
・旬のカリフラワーが手に入ったら、水と塩とオリーブオイルでも美味しいので、作ってみてください。

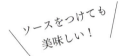

ハーブオイルソース
ハーブのみじん切り大さじ 1（写真ではイタリアンパセリとセルフィーユを合わせて使用）、オリーブオイル 50ml、塩小さじ ¼ を混ぜ合わせる。

フレッシュトマトソース
トマト中 1 個はお尻の部分に包丁で十字に切り目を入れ、熱湯に 10 秒ほどつける。皮をむき、半分に切る。種を除いて、ミキサーで撹拌し、塩小さじ ¼ を加えて味を調える。

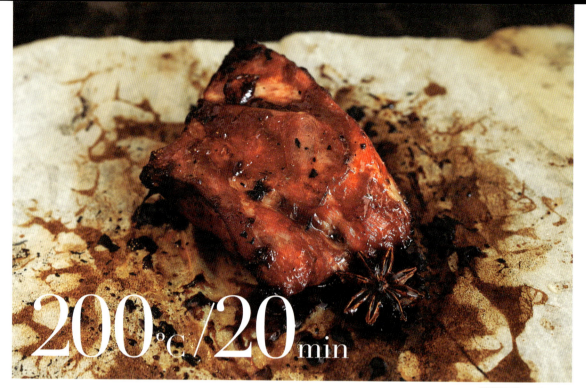

200℃/20min

台湾風焼き豚

簡単ながら迫力のある1品です。オイスターソースとケチャップに八角を加えて、親しみやすく、かつ本格的な味に。パーティのメイン料理にふさわしく、また、さめても味がなじんで美味しくなり、日持ちもする便利なメニューです。

before

Recipe（2〜3人分）

豚肩ロース（かたまり肉）…300g
A｜オイスターソース…大さじ2
　｜トマトケチャップ…大さじ1
（あれば）八角…2個

【下準備】
・オーブンを200℃に予熱する。

1. 肉に味をつける
Aを混ぜ合わせ、豚肉にもみ込むようにぬる。

2. 焼く
天板にオーブンシートを敷き、1をのせて八角をちらし、200℃に予熱したオーブンで20〜25分焼く。こげてきたら、ホイルをかぶせる。

3. 余熱で火を通す
焼きあがったらオーブンから取り出し、ホイルで包んで約15分休ませる。

Memo
・冷たいまま薄く切ってチャーシューのように楽しむことも、温めなおしてポークソテーとしていただいても美味しい。
・パンにクレソンや春菊など苦味のある野菜といっしょにはさんでサンドイッチにするのもおすすめです。

220°C / 10 min

スパイシー焼き枝豆

ローストした枝豆は水分が飛んで味が濃くなり、とても美味しいもの。
そのうえ、ひと手間かけたスパイシーなカレー味はビールにもピッタリ。
オリーブオイルをバターにかえて、こっくりと仕上げるのもおすすめです。

before

Recipe（2〜3人分）

枝豆…150g
A
| オリーブオイル…大さじ1〜1½
| にんにくのみじん切り…1片分
| カレー粉…小さじ1
| 塩…小さじ1
アーモンドスライス…ひとつかみ

【下準備】
・オーブンを220℃に予熱する。

1. 枝豆をあえる

Aを混ぜ合わせて枝豆とあえる。

2. 焼く

天板にオーブンシートを敷き、1をのせて、アーモンドスライスをちらし、220℃に予熱したオーブンで10〜15分焼く。

210℃/20min

玉ねぎと桜えびの
パルメザンパン粉焼き

ローストした玉ねぎの優しくふっくらした甘さは、くせになる美味しさ。
ふりかけた桜えびは、見た目をかわいらしくするだけでなく、
調味料とだしの役割も果たしています。

before

Recipe（2〜3人分）

玉ねぎ…2個（300g）
オリーブオイル…大さじ1
塩…小さじ½
A
　桜えび…大さじ3
　パン粉…大さじ3
　粉チーズ…大さじ1½

【下準備】
・オーブンを210℃に予熱する。

1. 切る
玉ねぎは皮をむき、1.5cmの厚さに切る。

2. 焼く
天板にオーブンシートを敷き、1を並べる。オリーブオイルをまわしかけ、塩をふる。混ぜ合わせたAをふりかけ、210℃に予熱したオーブンで20分焼く。

Memo
・新玉ねぎの季節にも、ぜひ作ってみてください。甘く、やわらかく、とても美味しく仕上がります。

200℃/10min

ピーマンのかつお節焼き

美味しく作るコツは、焼く前にしっかりオイルをからめること。
作り方も味もシンプルなのに、箸が止まらない美味しさです。
冷蔵庫で3〜4日保存できるので、倍量を焼いて、常備菜としても。

before

Recipe（2〜3人分）

ピーマン（中）…5個
オリーブオイル…大さじ1
塩…少々
A │ けずり節…2g
　│ 醤油…小さじ1

【下準備】
・オーブンを200℃に予熱する。

1. ピーマンに味をつける

天板にオーブンシートを敷き、ピーマンをのせて、オリーブオイルをまわしかけ、塩をふる。

2. 焼く

Aを混ぜ合わせて1のピーマンの上にちらし、200℃に予熱したオーブンで10分焼く。

200℃/12min

皮つき里いもの塩だれ焼き

ローストしてほくほくになった里いもは、とても美味しいものですが、
皮むきが面倒で、なかなか調理できないという人も多いよう。
でも、これなら皮つきのまま焼いて、そのままスプーンで気軽に食べられます！

before

Recipe（2～3人分）

写真は 20 × 24cm の耐熱容器を使用

里いも（中）…約9個
● 塩だれ
A｜ 長ねぎのみじんぎり…5cm分
　｜ ごま油…大さじ1½
　｜ 塩…少々

【下準備】
・オーブンを200℃に予熱する

1. 切る

里いもは洗って水けをよくふき取り、皮つきのまま半分に切る。耐熱容器に並べ、ラップをして電子レンジで約2分加熱する。

2. 焼く

Aを混ぜて塩だれを作る。里いもの上からかけて200℃に予熱したオーブンで12分焼く。

Memo
・時間に余裕があるときは、里いもを電子レンジで加熱するのではなく、丸ごとホイルに包み、約180℃のオーブンで20～30分焼いてから、同様に焼くと、ほくほくとしてこちらもおすすめ。

220°C / 15min

ズッキーニ明太子クリームチーズ

みずみずしいズッキーニと、酸味があり濃厚なクリームチーズとの相性は抜群。
ホームパーティで、カナッペとして登場させてもいいでしょう。
緑と黄色のズッキーニを交互に並べても、かわいらしいです。

before

Recipe（2〜3人分）

写真は20×24cmの耐熱容器を使用

ズッキーニ…1本（150g）
A｜オリーブオイル…大さじ½
　｜塩…少々
B｜クリームチーズ…30g
　｜明太子…30g
　｜オリーブオイル…小さじ1½

【下準備】
・オーブンを220℃に予熱する。

1. 切る

ズッキーニは1.5cmの厚さに切り、Aをからめて耐熱容器に並べる。Bを混ぜ合わせる。

2. 焼く

ズッキーニにBをこんもりとぬり、220℃に予熱したオーブンで15分焼く。

Memo
・さめても美味しいのでお弁当のおかずにも向いています。

後片づけいらずでラクラク

お弁当にも便利
簡単ホイル焼き

食材を包んで焼くだけ。調理器具もほとんど使わず面倒なことは一切なしのホイル焼きは、毎日のメインおかずとして大活躍。さめても味がなじんで美味しいのでお弁当にもピッタリです。オーブントースターでも作れます。焼き時間は同じです。

ホイル焼き

たらのごま油わかめ蒸し

わかめはごま油と合わせることで、コクと磯の香りが引き出されます。
そんな味わい深いわかめとよく合うのが、ふっくらとしたたらの蒸し焼き。
キムチを合わせて韓国風に仕上げた、ごはんのすすむ1品です。

Recipe（1人分）

生だら…1切れ
わかめ（乾燥）…20g
キムチ…20g
塩…少々
酒…小さじ1
ごま油…小さじ1

【下準備】
・オーブンを200℃に予熱する。
・わかめを水で戻し、
　食べやすい大きさに切る。

1. ホイルに食材をのせる
たらに塩をふってホイルにのせ、水けを
きったわかめをのせる。酒とごま油をわか
めにかけ、横にキムチを添える。

2. 焼く
1のホイルを包み、200℃に予熱したオー
ブンで10分焼く。

200℃/10min

[ホイル焼き]

梅豚ロール

梅と大葉でさっぱりいただける豚ロールです。
ひと口サイズで食べやすいのもいいところ。たっぷりのせた白髪ねぎが、
豚肉のうまみを吸って、これまた美味しいんです。

a

Recipe（1人分）

豚肩ロースの薄切り肉…70g
梅干し（大）…1個
大葉…2〜3枚
A｜みりん…小さじ½
　｜醤油…小さじ½
　｜酒…小さじ½
長ねぎ…½本分

【下準備】
・オーブンを180℃に予熱する。
・長ねぎを白髪ねぎに切る。

1. 切る
大葉はみじん切りに、梅干しは種を除いて梅肉をたたく。Aとあえて、豚肉に薄くぬり、端からくるくると巻く（a）。

2. 焼く
ホイルに1を置き、白髪ねぎをのせて包み180℃に予熱したオーブンで10分焼く。

180℃／10min

[ホイル焼き]

サーモンのマスタードソース

サーモンに、マスタードと白ワインで風味をつけました。
とても簡単なのに、本格的な味に。ホイルをオーブンシートにかえて包むと、
ちょっとおしゃれなおもてなし料理にもなります。

Recipe（1人分）

サーモン…1切れ
ブロッコリー…4房（40g）
A｜粒マスタード…小さじ1
　｜白ワイン…大さじ½
　｜醤油…小さじ1
バター…小さじ1
レモンの輪切り…1枚

【下準備】
・オーブンを200℃に予熱する。

1. ホイルに食材をのせる

Aを混ぜ合わせる。ホイルにサーモンをのせてAをかけ、バターをのせる。ブロッコリーをサーモンの横に置く。レモンの輪切りをのせる。

2. 焼く

1のホイルを包み、200℃に予熱したオーブンで10〜15分焼く。

200℃/10min

> ホイル焼き

いかのワタ焼き

いかワタの苦味としししとうの青い香りがきいた、ちょっと大人っぽい味。
シンプルですがしみじみ美味しい1品で、ごはんのおかずとしても、
また、日本酒のお供にもピッタリです。

Recipe（1人分）

いか…1杯、ししとう…2本
長ねぎ…⅓本

A
- いかワタ…1杯分
- 醤油…大さじ1
- ごま油…大さじ½
- 酒…大さじ½
- にんにくのすりおろし…½片分

（好みで）すだち…½個
（好みで）七味…少々

【下準備】
・オーブンを200℃に予熱する。

1. いかをおろす

いかをおろして（P.51）食べやすい大きさに切る（お店でおろしてもらってもよい）。

2. 焼く

長ねぎは4cm長さに切る。ホイルに**1**のいかと長ねぎ、ししとうを並べ、混ぜ合わせた**A**をかけて包む。200℃に予熱したオーブンで10分焼く。好みですだちと七味をかけていただく。

200℃ / 10min

> ホイル焼き

さつまいもとシナモンのメープルベーコン

甘くほくほくした焼きいもは、じっくり焼きができるオーブンならでは！
メープルの甘みとベーコンの塩け、シナモンの香りがミックスして
さつまいもの甘みをほどよく引き立ててくれます。

Recipe（2人分）

さつまいも…400g（1本）
ベーコン…4枚
メープルシロップ…大さじ2
シナモンスティック…2本

【下準備】
・ベーコンは1cm幅に切る。

1. 焼きいもを作る

さつまいもを洗い、水けをふき取らずにホイルで包む。オーブンに入れ170℃で（予熱はしなくてよい）30分焼く。

2. 200℃で焼く

ホイルを開いてさつまいもを縦半分に切り、½本は新しいホイルの上に置く。ベーコンを半量ずつのせ、メープルシロップを半量ずつまわしかけ、シナモンは1本ずつのせる。再度ホイルを包み、200℃に上げたオーブンで10分焼く。

170℃ / 30min
↓
200℃ / 10min

[ホイル焼き]

鶏ときのこの塩麹バター

塩麹とバターのおかげで鶏肉がジューシー、
かつ、やわらかに仕上がる1品です。
きのこから出るだしも全体によくまわり、味に深みを加えています。

Recipe（1人分）

鶏むね肉…80〜100g
好みのきのこ…50g
※ここではしいたけとしめじを使いました
塩麹…小さじ1
黒こしょう…少々
にんにくのみじん切り…¼片分
バター…15g

【下準備】
・オーブンを200℃に予熱する。

1. 調味料をもみ込む

ホイルの上に鶏むね肉をのせて塩麹をもみ込み、黒こしょうをふる。

2. 焼く

周りに、食べやすい大きさにしたきのことにんにくのみじん切りをのせ、バターをちらして包む。200℃に予熱したオーブンで10分焼く。

200℃/10min

[ホイル焼き]

キャベツと豚バラしょうがの重ね焼き

シンプルな味つけですが、豚バラの脂から出るうまみとキャベツの甘みが生きて美味しく仕上がります。キャベツから水けが出るのでしょうがも塩も多いかな？くらいが、ちょうどいいあんばいです。

Recipe（1人分）

豚バラ肉（薄切り）…80g
キャベツ…約3枚（80g）
しょうがのせん切り…約⅔片（10g）
えのきだけ…20g
塩…小さじ⅓弱
黒こしょう…適量

【下準備】
・オーブンを190℃に予熱する。

1. 食材を重ねる

ホイルにキャベツを1枚のせ、塩少々をふり、しょうがを⅓量のせ、豚肉を⅓量重ねる。もう2回この工程を繰り返す。最後にえのきだけをのせて黒こしょうをふる。

2. 焼く

1のホイルを包み、190℃に予熱したオーブンで13分焼く。

Memo
・キャベツから水分が出て味が薄くなるので、一層ずつきちんと塩をふることがポイントです。

190℃ / 13min

作りおきOK！焼き野菜マリネ2種

焼きなすのミントマリネ

丸ごとオーブンにほうりこんで作った焼きなすを、エスニック風味のマリネに。冷蔵庫で3〜4日間保存できるので、倍量作って常備菜にしても。焼きなすは、シンプルにしょうが醤油でいただいても美味しいです。

a

Recipe（2人分）

なす…3本
ミントの葉（生）…ひとつかみ

A
- ナンプラー…大さじ2
- レモン果汁…½個分
- 赤唐辛子の小口切り…少々
- おろしにんにく…少々

サラダ油…小さじ1

【下準備】
・オーブンを240℃に予熱する。

1. 焼く

なすはガクのひらひらした部分を包丁で切り取る。皮に縦に切り目を4〜5本入れ、サラダ油を薄く全体にまぶす。天板にオーブンシートを敷いてなすをのせ、240℃に予熱したオーブンで15分焼く。

2. あえる

1の焼きなすの皮を手でむき（a）、食べやすい大きさに縦にさく。Aであえ、器に盛り、ミントの葉をちらす。

焼きパプリカのマリネ

じっくり焼くことで、とろりとして甘みも強まるパプリカ。スペインではステーキによく付け合わせます。本書では玉ねぎドレッシングと生ハムを添えて、前菜スタイルにしました。

a　　　　b

Recipe（2人分）

パプリカ…3個
生ハム…2～3枚
サラダ油…適量
塩…少々、バルサミコ酢…小さじ1
●玉ねぎドレッシング…大さじ1
↓

> （作りやすい分量）冷蔵庫で1週間保存可。
> 玉ねぎ 約½個強（120g）を適当な大きさに切る。
> 米酢 50ml、塩 小さじ1、黒こしょう 少々、
> 太白ごま油 100ml（サラダ油でもよい）と
> いっしょにミキサーで撹拌する。
> または、すりおろした玉ねぎと残りの材料を合わせる。

【下準備】
・オーブンを190℃に予熱する。
・天板にオーブンシートを敷く。

1. 焼く

パプリカ全体にサラダ油大さじを1まぶして天板にのせ、190℃のオーブンで30分焼く。オーブンシートで包み（a）、ポリ袋などに入れてさます。※蒸れて皮がむきやすくなる。

2. あえる

パプリカの皮を手でむき（b）、食べやすい大きさに切って保存容器に入れ、ひたひたにつかるくらいの油を加え、塩をふる。
※油から出ている部分は腐りやすいので、全体を油にしっかりつけることが大切。ラップで落としぶたをするとよい。

3. 盛り付ける

2のパプリカマリネに玉ねぎドレッシングと生ハムを添えてバルサミコ酢をかける。

いろいろ野菜のじっくり焼き

本書では、オーブンで気軽に調理していただくため、短時間でできるレシピをメインに紹介していますが、余裕のあるときは、野菜を低温でじっくりローストして素材のうまみと甘みを引き出す"じっくり焼き"もおすすめです。焼きたてはもちろん、さめても美味しいので、お弁当やサンドイッチ、サラダの具材としても活用できます。

アレンジいろいろ！オーブンで作るグリル野菜

1. 玉ねぎ
2. にんじん
3. 里いも
4. ビーツ

● ビーツ½個はよく洗い2cm角に切る。オリーブオイル大さじ1と塩小さじ⅓、タイム（生）1枝分をまぶす。

● にんじん（小）3本は皮をむいて、縦半分に切る。オリーブオイル大さじ1、クミン小さじ1、塩小さじ⅓をまぶす。

● 里いも（小）6個をよく洗い、オリーブオイル大さじ1、塩少々をまぶす。

● 玉ねぎ2個は皮ごと縦半分に切り、断面にオリーブオイル大さじ1、塩小さじ⅓、黒こしょう少々をまぶす。

すべての材料をオーブンシートを敷いた天板にのせ（玉ねぎの断面は下に、にんじんの断面は上にする）、ホイルをかぶせる。160℃に予熱したオーブンに入れ40分焼く。ホイルを取って、さらに10分焼く。

Part.3

必ずレシピを聞かれる！

メイン食材3品以上
新・おもてなし料理

ちょっと贅沢に、メイン食材3品以上で作る
華やかなおもてなしレシピを紹介します。
おもてなし料理とはいっても、ほとんどが、
切って、並べて、焼くだけで完成。手間いらずで簡単なので、
オーブン料理に慣れていない方でも気軽に作れます。
もちろん、毎日のおかずとしても活用してください。
ちょうどいいサイズの耐熱皿がなければ
オーブンシートを敷いた天板に、直接並べて作ってもOKです。

before

チキンのトマトサルサ

骨つきチキンをたっぷりの野菜でさっぱり食べられる、
ピリっと辛いメキシカンな1皿です。ライムをしぼるとグッとさわやかな味になります！
オーブンの脇で、ガーリックトーストを焼いていっしょに食べるのもおすすめです。

Recipe（2人分）

写真は長径22cmの楕円形耐熱容器を使用

鶏もも肉のぶつ切り（骨つき）…約200g
グリーンアスパラガス…4本
ベビーコーン…8本
A:
- カレー粉…小さじ1
- （あれば）パプリカパウダー…大さじ1
- 塩…小さじ1/4
- 黒こしょう…少々

アーモンドスライス…大さじ1
（好みで）ライム…適量
サラダ油…少々

●サルサソース
トマト（中）…約1個（100g）
ししとう…3本
B:
- にんにくのすりおろし…1片分
- 香菜のみじん切り…大さじ1
- ナンプラー…大さじ1

（好みで）チリパウダー（または一味）
　…少々

【下準備】
・オーブンを200℃に予熱する。

1. 切る
アスパラガスは根元のほうのかたい部分を切り落とし、下から1/3くらいまでの皮をピーラーでむき、約3cmの長さに切る。

2. 下味をつける
鶏肉とアスパラガスとベビーコーンをAとよく混ぜ合わせて、肉に味をもみ込む。

3. ソースを作る
トマトは1cmの角切りに、ししとうは小口切りにし、Bをよく混ぜ合わせる。

4. 鶏肉を焼きつける
強火で熱したフライパンにサラダ油をひき、2の鶏肉の皮目を焼きつける。

5. 並べて焼く
耐熱容器に3のソースを敷き、アスパラガスとベビーコーンを並べ、4の鶏肉を皮を上にしてのせる。アーモンドスライスをちらし、200℃に予熱したオーブンで20〜25分焼く。好みでライムをしぼる。

Memo
・鶏肉の代わりに、スペアリブやソーセージ、白身魚でも美味しいです。ソーセージの場合は、焼きつけなくてもOK。

メイン食材3品以上：骨つき鶏もも肉、グリーンアスパラガス、ベビーコーン　他

さんまのレモンパセリごはん
塩ヨーグルトソース添え

まいたけのうまみをだしにして炊いたごはんの上に、
脂がたっぷりのった新鮮なさんまとカリカリのれんこんをのせて。レモンとパセリで
中東風な焼きリゾットに仕上げます。お好みで塩ヨーグルトをかけて召しあがれ。

before

Recipe（2〜3人分）

写真は 25 × 18cm の耐熱容器を使用

さんま…2尾
米…1カップ
水…1カップ
まいたけ…1パック
れんこん…50g
レモン…1個
パセリのみじん切り…大さじ4
にんにくのみじん切り…1片分
塩…適量
オリーブオイル…大さじ2

●ヨーグルトソース
A｜プレーンヨーグルト…100ml
　｜塩…小さじ¼
　｜にんにくのすりおろし…少々

【下準備】
・れんこんは3mm程度の
　いちょう切りにして、水にさらす。
・さんまは半分に切って内臓を除き、
　水けをふき取る。

1. 米をゆでる
鍋で水を沸かし、塩を少々入れる。再度沸騰させてから米を入れて10分ゆで、ざるにあげて水でしめる。

2. さんまの下ごしらえをする
レモンを2mm程度の薄切りにし、うち2枚を半分に切る。さんまのおなかにパセリとにんにくのみじん切り各少々と半月に切ったレモンをはさみ、全体に塩をふる。ここでオーブンを230℃に予熱する。

3. 米と野菜を混ぜる
1の米をボウルに入れ、残りのパセリとにんにくのみじん切り、オリーブオイル、塩小さじ1を入れてあえる。まいたけをほぐして加え、水けをきったれんこんも半量混ぜる。

4. 焼く
耐熱容器に3を敷き詰め、2のさんまをのせ、レモンの薄切りと残りのれんこんをちらし、230℃に予熱したオーブンで20〜25分焼く。Aを混ぜてヨーグルトソースを作り、かける。

Memo
・ごはんやれんこんのカリカリした焼き目が美味しいので、こげ目がつきやすいよう、少し大きめの耐熱容器に広げるようにして作るのがおすすめ。

メイン食材3品以上：さんま、まいたけ、れんこん　他

チキンとぶどうのロースト

表面はパリッと、中はふっくら焼きあがったチキンと、香ばしく焼けて甘みがぎゅっと増したぶどうの組み合わせがたまりません。見た目は華やかですが、おもな食材はチキンカレーと同じなので、気軽に作ってみてください。

before

Recipe（2〜3人分）

写真は29×19cmの耐熱容器を使用

鶏もも肉（骨つき）…350〜400g
ぶどう（種なし）…200g
にんじん…1本（100g）
玉ねぎ…1個（150g）
じゃがいも…1個（150g）
にんにく（大）…1株
イタリアンパセリ・塩・黒こしょう・
　オリーブオイル…各適量
薄力粉…小さじ1
ローズマリー（生）…1枝
白ワイン…100ml
醤油…小さじ½

1. 切る

骨つき鶏もも肉をぶつ切りにして、塩、黒こしょうをふる。にんじんは皮をむき細めの拍子木切りに、玉ねぎは8等分のくし切りに、じゃがいもは皮をむいてひと口大に切る。にんにくは1片だけ薄切りにする。

2. 鶏肉を焼く

フライパンにオリーブオイル大さじ1をひき、薄切りにしたにんにくを入れる。香りが立ってきたら強火で鶏肉の皮目をこんがり焼き、取り出す。このとき、皮目に焼き色がついていればOK。

3. 材料を煮る

1の野菜と残りのにんにく（皮つき）をフライパンに入れ、中火で3分炒めたら、薄力粉をふるい入れてローズマリーを加え、さっと混ぜ合わせる。白ワインを注ぎ、混ぜて弱火にし、ふたをして5分煮る。オーブンを200℃に予熱する。塩、黒こしょう各少々と醤油で味を調える。

4. 焼く

耐熱容器に3の野菜とにんにくを入れ、その上に2の鶏肉をのせる。オリーブオイル少々をからめたぶどうをのせ、200℃に予熱したオーブンで20分焼く。仕上げに、イタリアンパセリをちらす。いただくときは、皮つきのにんにくを切り、中のペースト状になったものを肉などにつける。

Memo
・鶏肉の代わりにスペアリブやソーセージ、厚切りベーコンでも美味しく作れます。
・ぶどうは皮ごと食べられる種なしのものを選びましょう。色も濃いものを選ぶと、見た目がより華やかになります。

200℃ / 15min

さばと根菜の味噌焼き

味噌とごまの香ばしさが、食欲をそそります。
歯ごたえのある根菜に、ふんわり焼きあがったさばと、濃厚な味噌。
白いごはんが何杯でもすすむ美味しさです。

before

Recipe（2〜3人分）

写真は29×19cmの耐熱容器を使用

さばの切り身…2切れ（1尾分）
れんこん…80g
里いも（中）…4〜5個（60〜80g）
長ねぎ…1本
A｜ごま油…大さじ1、醤油…小さじ1
　　赤味噌…大さじ3、酒…大さじ1½
B｜砂糖…大さじ2、ごま油…大さじ1
　　しょうがのすりおろし…1片分
切りごま…大さじ1

【下準備】
・さばは水けをふき、ひと口大に切り、
　酒大さじ1（分量外）をふる。
・れんこんは3〜4mm厚さの
　半月切りにして水にさらす。

1. 下ごしらえをする

里いもはラップをして電子レンジで2分加熱してから皮をむく。長ねぎは3〜4cm長さの斜め切りにする。ここでオーブンを200℃に予熱する。

2. 並べる

1の野菜とれんこんをAであえて耐熱容器に並べ、水けをふき取ったさばをのせる。Bを混ぜ合わせてさばを中心にかけ、切りごまをちらす。

3. 焼く

2を200℃のオーブンで15分焼く。味噌がこげそうになったらホイルをかぶせる。

180°C / 35 min

栗とソーセージと
クランベリーのロースト

皮ごとほっくり焼きあげた生栗と甘酸っぱいクランベリーに、
スモーキーなソーセージを組み合わせたオーブン焼きは、
見た目も味も秋らしい料理です。さめても美味しいのも嬉しいところ。

before

Recipe（2〜3人分）

写真は直径20cmの耐熱容器を使用

生栗…100g
ソーセージ…200g
さつまいも…1本（150g）
赤玉ねぎ…1個（100g）
ズッキーニ…1本（150g）
クランベリー（ドライ）…20g
オリーブオイル…大さじ2
タイム・オレガノ（各生）…各少々
バルサミコ酢…大さじ1

【下準備】
・オーブンを180℃に予熱する。

1. 切る

生栗は平らなほうの皮に、横1本の切り込みを渋皮まで包丁が当たるように入れる。こうすることで栗が破裂しない。さつまいも、赤玉ねぎ、ズッキーニはひと口大に切る。クランベリーはさっと熱湯に通す。

2. 焼く

耐熱容器に栗以外の1を入れ、オリーブオイルと混ぜ合わせる。斜め半分に切ったソーセージとタイム、オレガノを上にのせ、180℃に予熱したオーブンで20分焼く。1の栗を加え、15〜20分焼く。焼きたてにバルサミコ酢をまわしかける。

200℃/15min

トマトとズッキーニと
ボローニャソーセージ

切って並べるだけで、かわいくて美味しいオーブン料理のできあがり。
ボローニャソーセージの塩分とコクを吸った野菜がとても美味。
焼きたてよりも、少しさめて味が落ち着いたころが食べどきです。

before

Recipe（2〜3人分）

写真は19×12cmの耐熱容器を使用

トマト（小）…2個
ズッキーニ（中）…½本（120g）
ボローニャソーセージ…120g
オレガノ（ドライ）・タイム（生）…各少々
オリーブオイル…大さじ1
シュレッドチーズ…30g

【下準備】
・オーブンを200℃に予熱する。

1. 切る

トマト、ズッキーニ、ボローニャソーセージを約5mmの厚さに切る。

2. 並べて焼く

1を耐熱容器に並べる。オレガノ、タイムをちらし、オリーブオイル、シュレッドチーズを全体にかけて、200℃に予熱したオーブンで15分焼く。

190℃ / 25min

厚揚げとかぼちゃの
ピーナッツサテ

甘辛いピーナッツソースをたっぷり使うインドネシアの料理、「ガドガド」をイメージして作ったベジスタイルのオーブン焼きです。そら豆は枝豆にしても。野菜は好みのものを使ってください。

before

Recipe（2〜3人分）

写真は19×12cmの耐熱容器を使用

厚揚げ…1枚（100g）
赤玉ねぎ（小）…約1個（100g）
かぼちゃ…100g
そら豆…約12粒（60g）
塩…小さじ¼

A:
　ピーナッツバター…大さじ3½
　醤油・太白ごま油…各大さじ1½
　※油は菜種油やサラダ油でもよい
　豆板醤…小さじ½弱
　白味噌…大さじ3
　（好みで）香菜のみじん切り…大さじ1

【下準備】
・オーブンを190℃に予熱する。

1. 切る
厚揚げはひと口大に切る。赤玉ねぎは8等分のくし切り、かぼちゃは約5mmの薄切りにする。

2. あえる
1の野菜とそら豆をボウルに入れ、塩をふってひと混ぜし、厚揚げとAを加え、さっとあえる。

3. 焼く
耐熱容器に2を入れ、190℃に予熱したオーブンで25〜30分焼く。

メイン食材3品以上：厚揚げ、赤玉ねぎ、かぼちゃ　他

200°C / 15min

スペアリブの黒酢マーマレード焼き

おもな調味料は3種類。すべて同量と、とにかく簡単なのに奥行きのある味わいが
お気に入りのレシピです。ポイントはコクを出しつつ、
さっぱり仕上げる黒酢です。黒酢には、肉をやわらかくする効果もあります。

before

Recipe（2～3人分）

写真は直径22cmの耐熱容器を使用

スペアリブ（豚）…4本
A｜マーマレード・黒酢・醤油…各大さじ4
　｜にんにく・しょうがのすりおろし
　｜　…各1片分、黒こしょう…少々
ブロッコリー・たけのこの水煮・パプリカ・
　万願寺唐辛子などの野菜…合わせて300g
B｜ごま油…大さじ1、塩…適量
　｜黒こしょう…少々
塩…少々

【下準備】
・スペアリブに塩をふり、しばらくおいてから
　水けをふく。ポリ袋などに A と
　肉を入れてもみ込み、30分以上つけおく。
・オーブンを200℃に予熱する。

1. 味をつける
野菜を食べやすい大きさに切って B であえる。

2. 焼く
耐熱容器に 1 の野菜を入れ、スペアリブもつけ汁ごと入れる。200℃に予熱したオーブンで15～20分焼く。焼きあがったらそのままオーブンの中で約5分おく。

Memo
・肉は、時間があれば前の晩に A につけておくといいでしょう。
・野菜は1～2種類でも美味しく作れます。

メイン食材3品以上：スペアリブ、ブロッコリー、たけのこの水煮　他

200℃/20min

牛肉とトマトとなすのコチュジャン焼き

肉厚なカルビ肉と、牛肉から出るうまみを吸ったなす、
そして酸味のあるトマトの重ね焼きは、見た目よりもさっぱり。
つけだれは、市販の焼肉のたれで代用してもいいでしょう。

before

Recipe（2〜3人分）

写真は22×19cmの耐熱容器を使用

牛肉（カルビ・焼肉用）…200g
トマト（小）…2個
なす…2本
ニラ…½束
A ｜ ごま油・醤油…各大さじ½
　 ｜ コチュジャン…小さじ½
塩…適量
サラダ油…大さじ1
醤油…小さじ1
シュレッドチーズ…好みの分量
切りごま…適量

【下準備】
・オーブンを200℃に予熱する。

1. 下ごしらえをする

ボウルに牛肉を入れて軽く塩をふり、Aであえる。ニラは2〜3cmの長さに切る。トマトとなすは1cm厚さの輪切りにする。なすは塩を少々をふってしばらくおき、水けをふいて、サラダ油をひいたフライパンで軽くソテーし、醤油をまわしかける。

2. 焼く

耐熱容器にニラの半量を敷く。トマト、なす、牛肉を立てるようにして並べ、残りのニラを両端にのせる。シュレッドチーズと切りごまを全体にふって、200℃に予熱したオーブンで20分焼く。

メイン食材3品以上：牛肉、トマト、なす 他

ベイクドフルーツ
ココナッツメープル風味

180℃ / 25min

ラムチョップ＆焼きラタトゥイユ

210℃ / 20min

before　　　a

ベイクドフルーツ ココナッツメープル風味

焼きたてフルーツに、ぜひ冷たいアイスクリームを添えて、その温度差を楽しんでいただきたいデザートです。果物はお好きなもので。1種類でも美味しいですよ。

Recipe（2〜3人分）

写真は直径22cmの楕円形耐熱容器を使用

バナナ・りんご・パイナップル・イチジク
　…合わせて600g
メープルシロップ…50ml
ココナッツオイル…大さじ2
ナッツ（アーモンドスライス・くるみなど）
　…合わせて大さじ3
バニラアイスクリーム…適量

【下準備】
・オーブンを180℃に予熱する。

1. 切る
フルーツを食べやすい大きさに切る。イチジクとりんごの皮はむかない。

2. あえる
耐熱皿に1を入れ、メープルシロップとココナッツオイルでかるくあえ、ナッツをちらす。

3. 焼く
180℃に予熱したオーブンで25〜30分、表面がこんがりきつね色になるまで焼く。アイスクリームを添えていただく（a）。

Memo
・フルーツの上に、少量のココナッツオイルとメープルシロップであえたオートミールをのせて焼いても美味しい。
・フルーツは、洋なしや杏、ぶどう、ネクタリンなどもおすすめです。酸味のあるフルーツをひとつ混ぜると味が引き締まります。

before

ラムチョップ &
焼きラタトゥイユ

ラム肉の下に細かく切った野菜を敷いてローストすることで、焼きラタトゥイユのできあがり。たくさんの野菜のうまみが凝縮して絶品。個性的なラムとよく合います。バルサミコ酢が味を引き締めるポイントに。

Recipe（3人分）

写真は直径24cmの耐熱容器を使用

- ラム…7本（約300g）
- 玉ねぎ・パプリカ・なす・ズッキーニなどの野菜…合わせて400g
- プチトマト…200g
- にんにく…3片
- A
  - 塩…小さじ½
  - 砂糖…小さじ¼
  - 好みのハーブ…適量
    ※ここではタイム・オレガノを使用。生でも乾燥でもよい
  - オリーブオイル…大さじ2
- 塩・黒こしょう・（好みで）にんにくのすりおろし…各少々
- バルサミコ酢…大さじ1

【下準備】
・オーブンを210℃に予熱する。

1. 野菜を切る
野菜は約5mm角に切る。プチトマトとにんにく（皮ごと）は半分に切る。

2. 味をつける
ボウルに1を入れ、Aを加えて混ぜ合わせ、耐熱容器に広げる。ラム肉をのせ、塩、黒こしょうをふり、好みでにんにくのすりおろしを肉にぬる。

3. 焼く
2を210℃に予熱したオーブンで20分焼き、熱いうちにバルサミコ酢を野菜にまわしかける。ペースト状になったにんにくを肉などにつけていただく。

Memo
・ラム肉の代わりに、骨つきの鶏もも肉でも美味しく作れます。

メイン食材3品以上：ラム、玉ねぎ、パプリカ 他　91

before　　　　a　　　　b

紙焼きアクアパッツァ

紙で包んで蒸し焼きすることで、魚がふっくら仕上がります。
あさりやトマトのうまみが、じんわりからんで優しい味わいに。
先に魚の皮を少し焼いておくのがポイントです。

Recipe（2〜3人分）

たい…3〜4切れ
プチトマト…8〜10個
セロリ…1本
にんにく…1片
イタリアンパセリのみじん切り…小さじ2
あさり…200g
塩…小さじ¼
オリーブオイル…大さじ1½
白ワイン…150ml
（好みで）イタリアンパセリ（仕上げ用）
　…適量

【下準備】
・あさりは砂出しをする。
・オーブンを220℃に予熱する。

1. 野菜を切る
セロリは薄切りに、プチトマトは半分に切る。にんにくはみじん切りにする。

2. たいを並べて焼く
幅25×長さ30cmのオーブンシート2枚を天板の上で交差させて敷く。たいを並べて、オリーブオイル少々（分量外）と塩をふる（a）。220℃に予熱したオーブンで5分焼く。

3. 包んで焼く
たいの皮に焼き色がついたら、1の野菜と砂出ししたあさりを並べる。イタリアンパセリのみじん切りをちらし、白ワインをかける（b）。オーブンシートの両端を麻ひもなどで結ぶ。200℃に下げたオーブンで10〜15分、あさりが開くまで焼く。最後にオリーブオイルをまわしかける。仕上げにイタリアンパセリをちらしても美味しい。

Memo
・魚介のエキスがしみ込んだおだしがとても美味しいので、ぜひバゲットといっしょに召し上がってください。ごはんにかけても絶品ですよ。

豚と紫キャベツと
りんごのロースト

赤と紫で囲まれた、ちょっとドラマティックなローストポークです。
紫キャベツは、くせをやわらげるためマリネしてから焼いています。
マリネを作るのが手間なときは、豚肉を紅玉と焼くだけでも美味しいです。

before

Recipe（2〜3人分）

写真は長径25cmの楕円形耐熱容器を使用

豚肩ロース（かたまり肉）…約300g
紫キャベツ…約½個（150g）
りんご（紅玉）…1個
塩…小さじ¼
はちみつ…小さじ½
醤油…小さじ1
はちみつ（仕上げ用）…大さじ1½
A
　マスタード…小さじ½
　白ワインビネガー…大さじ1
　オリーブオイル…大さじ½
　塩…少々
にんにく…1片（4つ割りにする）
シードル（または白ワイン）…50ml

【下準備】
・豚肉に塩をもみ込み、30分ほどおく
　（ひと晩おくと、より美味しい）。

1. マリネを作る

紫キャベツは芯を除き、せん切りにして、
塩と酢各少々（各分量外）を入れた湯で、
さっとゆでて水けをきり、Aであえる。

2. 豚肉をもむ

豚肉にナイフでところどころに切り込み
を入れ、4つ割りにしたにんにくをはさむ。
醤油とはちみつをかけ、軽くもむ。ここで
オーブンを200℃に予熱する。

3. 並べる

耐熱容器の中央に2の豚肉を置き、まわ
りに1の紫キャベツマリネを置く。りん
ごは8等分に切り、種と芯を除き、肉の
周りに置く。シードルを全体にかける。

4. 焼く

豚肉とりんごを中心に、仕上げ用のはちみ
つをかけ、ホイルをかぶせる。200℃に予
熱したオーブンで15分焼き、ホイルを取っ
て、230℃に温度を上げて10〜15分こ
んがり焼き色がつくまでさらに焼く。焼き
あがったら、取り出して約10分休ませる。

Memo
・紫キャベツのマリネは、4〜5日保存がきくので事前に作っ
ておいてもいいでしょう。そのまま食べてもサンドイッチの
具材としても美味しいので倍量作っても。

メイン食材3品以上：豚の肩ロース、紫キャベツ、りんご　95

Profile
若山曜子 わかやまようこ

料理・菓子研究家。東京外国語大学フランス語学科卒業後パリへ留学。ル・コルドンブルーパリ、エコール・フェランディを経て、フランス国家調理師資格（C.A.P）を取得。パリのパティスリーやレストランで研鑽を積み、帰国後は雑誌や書籍、テレビのほかカフェや企業のレシピ開発など幅広く活躍中。お菓子、料理ともに食材の組み合わせのアイディア、見た目の美しさ、そしてレシピの再現性の高さに定評がある。著書に『ジャーサラダ』『ジャーケーキ』（宙出版）、『やさしいバナナのお菓子』（誠文堂新光社）『フライパン煮込み』『作っておける前菜、ほうっておけるメイン』（主婦と生活社）、『台湾スイーツレシピブック』（立東舎）ほか多数。
ホームページ「甘くて優しい日々のこと」
http://tavechao.tavechao.com

【新装版】
簡単なのにごちそう。
焼きっぱなしオーブンレシピ

材料をほうりこんで焼くだけ!!
忙しい人の新・オーブン料理

2019年12月20日初版第1刷発行
2020年4月24日第2刷発行

著　者　若山曜子
発行人　北脇信夫
発行所　株式会社　宙（おおぞら）出版
　　　　〒101-0054　東京都千代田区神田錦町
　　　　三丁目17番地　廣瀬第1ビル
　　　　編集部　03-6778-5716
　　　　資材製作部　03-6778-5721
　　　　販売部　03-6778-5731
印刷・製本　三共グラフィック株式会社

©Yoko Wakayama
本書の一部または全部を無断で複製・転載・上映・放送することは、法律で定められた場合を除き、著者および出版者の権利の侵害となります。あらかじめ小社宛にお求めください。本書を代行業者等の第三者に依頼してスキャンやデジタル化することは、たとえ個人や家庭内での利用であっても著作権法上認められておりません。造本には十分注意しておりますが、万一、落丁乱丁などの不良品がありましたら、購入された書店名を明記のうえ小社資材製作部までお送りください。送料小社負担にて、お取替えいたします。但し、新古書店で購入されたものについてはお取替えできませんのでご了承ください。
ISBN978-4-7767-9714-2
Printed in Japan 2019

撮影　　　　　　木村拓（東京料理写真）
スタイリング　　城素穂
アートディレクション・デザイン　福間優子
校正　　　　　　小嶋圭美
調理アシスタント　矢村このみ／尾崎史江／細井美波
企画・編集　　　斯波朝子（オフィスCuddle）
取材　　　　　　廣野順子
編集担当　　　　大竹美香（宙出版）

材料協力：ナショナル麻布
http://www.national-azabu.com/
03-3442-3181
1962年創業のインターナショナルスーパー。顧客の約70％は外国人で、輸入食材を中心とした品揃えの店内はまるで海外のスーパーのよう。

Oven recipe
Index

おわりに

留学時代、一人暮らしをはじめたとき、
私はまず電子レンジを買おうと電気屋さんに行きました。
おお、さすがフランス！シンプルでおしゃれなものがたくさん！
とよく見たら、それはなんとすべて小さなオーブン。
私が電子レンジだと思っていた物体は、
いかにも一人暮らし用のコンパクトなオーブンだったのです。
ヨーロッパの人々にとって、日常に必要不可欠なもの、
それがオーブンなのだとそのとき初めて知りました。

お値段の手頃なクリーム色のオーブンを、私はひとつ連れて帰りました。
小さいながらも温度設定ができるそのオーブンは、
むりやりチキンを入れられ、お菓子を焼き、私の食生活を支えてくれました。

今も私はよくオーブンを使います。お菓子を焼いているとき、
天板に隙間があれば、脇にホイルで包んだお芋を入れたり、
肉料理の耐熱容器の横に時間差でバケットを入れたり。
オーブンは温度設定ができるので、コンロのように
ずっと見張っていなくても大丈夫。そして、上下から火が入るので、
コンロで作るより全体に火の通りが早い。
私にとって「ながら家事」になくてはならない、
それがオーブンの存在です。

もし家にオーブンがあるならば、とっておきのお料理だけではなく
ぜひ日常でも使ってみてください。
最初は思ったような焼き色がつかなかったり、こげたりするかもしれません。
でもそんなクセも、使っていれば、すぐにわかるようになります。
洗濯物を畳んだり、お風呂を掃除したりする間も、
黙々とオーブンはごはんの準備をしてくれる……。

オーブンはあなたにとって、きっとベストフレンズとなるはずです。

若山曜子